Haz grandes cosas para Dios

Betsey Stockton

Una joven con un sueño misionero

Laura Caputo-Wickham
Ilustrado por Eunji Jung

B&H
niños

BRENTWOOD, TENNESSEE

Cuando Betsey era joven, soñaba con ser misionera.

Quería viajar por el mundo, conocer gente nueva y contarle todo sobre Jesús.

Pero, tristemente, Betsey nació esclava.

No tenía permitido decidir a dónde ir ni qué hacer.

Entonces, un día, Betsey recibió buenas noticias. Por fin era libre. Ahora

podía decidir qué hacer, y lo que quería hacer era ¡ser misionera!

Cuando decidió unirse a un viaje
misionero a Hawái,
la gente se sorprendió.
En ese entonces, era inusual
que las mujeres solteras y las personas
que habían sido esclavas fueran
a las misiones.
«¡Qué extraordinario!».

Pero eso es exactamente lo que era Betsey, una chica extraordinaria que creía en un Dios extraordinario.

«¡Espérenme!».

Así, sin más, es como empieza su viaje.

Betsey tardó cinco meses en cruzar el océano Pacífico.

Vio olas tan altas como las montañas…

… eso la mareó un poco.

Vio delfines juguetones, tortugas gigantes y tiburones que asustaban.

Tuvo días buenos....

... y días malos.

«¡¿Otra vez pescado?!».

Había momentos en los que
parecía que todo estaba perdido...

... y momentos que le
recordaban el poder de Dios.

A veces Betsey se sentía sola, pero recordaba
un versículo de la Biblia que dice:
«El Señor está cerca de quienes lo invocan»*
y ella sabía que siempre podía hablar con Dios.

*Salmo 145:18

Al igual que los otros
misioneros, Betsey estaba
muy ocupada en el barco.

Ellos limpiaban,

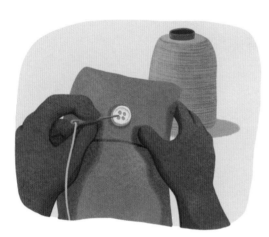

zurcían,

y cocinaban.

Una noche, ¡Betsey incluso ayudó
con el nacimiento de un bebé!

«¡Les presento al bebé Charles!».

Cada vez que tenía un tiempo libre,

Betsey oraba y leía la Biblia.

Le encantaba pasar tiempo con Dios.

Pero no era fácil encontrar momentos
tranquilos en un barco lleno de
gente, entonces tuvo que ser creativa.

Luego, un día… **«¡TIERRA!».**

Un grupo de hombres de la isla remaron
de pie en sus canoas.

«¿Le agradaremos a la gente de Hawái?»,
pensó Betsey, preocupada.

Todos se veían muy serios.

De pronto, Betsey tuvo una idea.

«*Miren*», dijo, tomando a Charles. «*¡Bebé!*».

«*¡Ahhhhhhhhhh!*», dijeron todos.

Ahora había grandes sonrisas dibujadas
en los rostros de todos.

Desde el momento en que bajó del barco, Betsey no paró de hacer cosas.

Al fin era misionera y todos los misioneros trabajaban juntos como amigos.

Ella estudió el idioma local:

«Aloha!».

Abrió la primera escuela para los niños más pobres de la isla y allí les enseñó cómo leer, cómo contar, les enseñó historia y otros idiomas.

Y, por supuesto, habló con la gente sobre Jesús y de cómo podían confiar en Él como su Rey.

¡ALOHA!

Todas las semanas, Betsey iba
a la iglesia, ¡una iglesia que lucía
distinta a su iglesia en casa!
 Un día, la reina y el rey de Hawái
pidieron conocerla.
¡Qué honor tan increíble fue ese!

Quedaron tan
encantados con Betsey,
que le pidieron que fuera
la maestra de su hijo.

A pesar de lo ocupada que estaba, Betsey se aseguró de pasar tiempo a solas con Dios.

Cuando se sentaba en la arena tibia a escuchar el sonido de las olas que rompían en la costa, Betsey a menudo pensaba en su aventura y en cómo todo había iniciado con una niña que tuvo un gran sueño y con un Dios aún más grande. ¡Qué extraordinario!

¡Indudablemente extraordinario!

Betsey Stockton

Betsey Stockton nunca supo con exactitud cuándo nació. Quizás fue alrededor de **1798**. Su madre fue esclava de la familia Stockton. Nadie sabía quién era su padre, aunque lo más probable es que se tratara de un hombre blanco.

   Por desgracia, cuando solo tenía seis años, separaron a Betsey de su madre y la llevaron a vivir a otra ciudad, Filadelfia, donde fue esclava de una de las hijas de los Stockton que se había casado con un pastor llamado Ashbel Green. Betsey tenía permiso para tomar prestados libros de la gran biblioteca de la casa. Fue capaz de aprender a leer y creció disfrutando el poder descubrir cosas nuevas.

aprox.1816: Cuando Betsey tenía casi veinte años, tomó una decisión importante. Ella entregó su vida a Jesucristo. Sabía que había sido perdonada por sus pecados. Poco después de eso, le dieron su libertad, ya no era esclava. Continuó trabajando para el reverendo Green, pero ahora le pagaban por sus servicios. Betsey estaba encantada de ser libre y una de las primeras cosas que hizo para conmemorar ese momento importante fue escribir su nombre en letras grandes y gruesas, en la contratapa de un libro.

aprox.1822: Betsey deseaba que todo el mundo conociera el amor de Dios. Cuando escuchó que un amigo suyo, Charles Stewart, y su esposa, iban a ir como misioneros a Hawái (que en esos días se llamaba las Islas Sandwich), emocionada, se ofreció para ir con ellos.

Pero Betsey era una mujer soltera que había sido esclava. En aquel entonces, era inusual que alguien como ella fuera a las misiones.

Esto no impidió que Betsey siguiera con valentía su sueño y, gracias a la ayuda de sus amigos y una buena recomendación del reverendo Green, el 19 de noviembre de 1822, se embarcó en una nave ballenera llamada *Thames* y comenzó su viaje de cinco meses a través del océano Pacífico.

1823: Una vez en la isla, Betsey empezó a enseñar. Aunque no tenía experiencia como maestra, tenía mucho talento y empezó a enseñar a más y más niños, ¡incluso al hijo del rey y la reina de Hawái!

Betsey podría haberse quedado feliz en Hawái toda su vida, pero cuando la señora Stewart, su amiga, enfermó gravemente, Betsey la acompañó de regreso a casa.

1825: Una vez en casa, Betsey pasó el resto de su vida educando a niños afroamericanos, primero en una escuela infantil de Filadelfia y luego en las dos instituciones más importantes de la comunidad afroamericana de Princeton: la iglesia Witherspoon Street y la única «escuela de color» pública de la ciudad, donde trabajó sin descanso durante más de treinta años hasta que murió cerca de los setenta años.

Betsey Stockton

aprox. 1798 – 1865

El SEÑOR está cerca de quienes lo invocan...

Salmo 145 v 18